Éloge. De Maximilien.
De.
Bethuné. Duc. De Sully.

Surintendant. Des. Finance

Sous. Henri. IV.

qui. A. Concouru. pour. Le prix. De. L'Acad^e

Françoise De La présente

Année, 1763.

MAXIMILIEN DE BETHUNE
Duc de Sulli, Grand Maitre
de l'Artillerie Marechal de France
&c. Né à Rosni en 1559. Mort
le 21 Decembre 1641.

ELOGE

DE

MAXIMILIEN

DE

BETHUNE,

DUC DE SULLY,

SURINTENDANT DES FINANCES SOUS HENRI IV.

Qui a concouru pour le Prix de l'Académie Françoise de la présente Année 1763.

A PARIS,

Chez de LORMEL, Imprimeur de l'Académie Royale de Musique, rne du Foin, à l'Image Sainte Geneviéve.

M. DCC. LXIII.

AVEC PERMISSION.

ELOGE
DE MAXIMILIEN
DE BETHUNE,
DUC DE SULLY.

Acta virum probant.

IL semble que les Grands Hommes n'ont pas besoin d'éloge après leur mort ; mais qu'il suffit pour faire leur Panégyrique, de rapporter en fidéle Historien, les principales actions de leur vie, & qu'il ne faut pour faire » *l'Eloge de Maximilien de Bethune,* » Duc de Sully, que dire, qu'Henri I V, » l'un de nos plus grands Rois, & connoif- » seur en vrai mérite, avoit mis en ce fidéle » serviteur toute sa confiance, son amitié, » & ses faveurs ; qu'il suivit la fortune de

A ij

» ce Prince, qu'il fut fon compagnon d'ar-
» mes, fon premier Miniftre, & fon Né-
» gociateur affidé dans les affaires les plus
» difficiles, qu'il exécuta pour ce Monar-
» que les plus importantes commiffions, &
» qu'il réuffit toujours pleinement, où tout
» autre que lui auroit échoué. »

Il eft affez naturel qu'on s'attende de voir de grands Capitaines, de profonds Po-litiques, d'habilles Miniftres, fous le regne d'un Prince tel que Henri IV ; mais ce qui doit furprendre, eft de trouver toutes ces qualités réunies dans la même perfonne.

Quel vafte champ pour un Panégyrique! Il faut peindre un *Guerrier* ; un *Miniftre d'Etat* ; un *Négociateur* habile ; un *Politi-que* fans flaterie ; & *l'ami d'un* grand Roi. Un Volume fuffiroit à peine pour remplir dignement ce projet : mais la durée du tems qui nous eft prefcrite à ce fujet, ne nous le permet pas, & nous oblige à nous renfer-mer dans les principaux traits d'une fi belle vie, en parlant moins en éloquent Orateur, qu'en fidéle Hiftorien.

MAXIMILIEN DE BETHUNE, Duc

(5)

de Sully, premier du nom, Surintendant
des Finances & des Bâtimens du Roi, Di-
recteur Général des Fortifications, des Ports
& Hâvres de France ; Gouverneur du bas
Poitou, de la Baſtille, & des Villes de Ger-
geau, Mantes & Meulan ; Capitaine de
deux cens Gendarmes de la Reine, & principal Miniſtre du Roi Henri IV, dit le
Grand, Duc & Pair, Grand Maître de
l'Artillerie, & Maréchal de France. Prince
Souverain d'Enrichemont & de Boiſbelle,
Marquis de Roſny & de Nogent le-Rotrou,
Comte de Muret & de Villebon, Vicomte
de Meaux & de Champrond, Seigneur de
Conty, de Chauſſade, de Montricoux, Bre-
teuil, Francaſſel, &c.

Quel titre peut-on encore ajouter à ce
grand Homme ?

Il n'aquit en 1559, (a) au Château de
Roſny, dont ſon Pere étoit Seigneur, (b).

(a) Voyez le P. Anſelme, Tome IV. page 217. Mo-
reri ; Ducheſne dans l'Hiſtoire de la Maiſon de Bethune ;
ſes Mémoires, portrait des Grands Hommes ; les Vies des
Hommes Illuſtres de France, par Dauvigny, Tome III.
1739. p. 1. &c.

(b) Cette Terre fut erigée en Marquiſat en faveur de

îl étoit fils de François de Bethune, Chevalier & Baron de Rofny, Seigneur de Villeneuve en Cherie, & de Charlotte Bauvet, fa premiere femme, qu'il avoit époufé le 13 Janvier 1557. Elle étoit fille de Robert Bauvet, Seigneur de Rieux, d'Eraines, de Montigny, de Bafoches & de Coubert, Préfident en la Chambre des Comptes de Paris, & d'Anne Briçonnet, Niéce de Guillaume Briçonnet, Cardinal & Archevêque de Narbonne.

Maximilien de Sully, fortoit d'une des plus grandes & des plus anciennes Maifon

Maximilien de Bethune, Baron de Rofny, Grand Voyer de France, par Lettres Patentes du Roi Henri IV. données à Paris au mois d'Août 1601, Regiftrées au Parlement le 20 du même mois, & en la Chambre des Comptes le premier Septembre fuivant. V. 4 vol. des Ordonnances d'Henri IV, cotté 2 U. fol. 268 Mémoire de la Chambre des Comptes, 4. S. fol. 219. Compil. Chronol. par *Blanchard*, p. 1345. Elle eft fituée dans la Beauce, Diocèfe de Chartres ; Parlement & Intendance de Paris, Election de Mantes fur la Riviere de Seine, entre Mante & Vernon. Elle a été long-tems dans la Maifon de Sully, elle appartient préfentement à M. de Senozan, Confeiller d'Etat. Le revenu en eft confidérable, & elle a fept à huit cens habitans.

de France, qui tire fon origine des anciens Comtes d'Artois ; il defcendoit en ligne mafculine de Robert I. du nom furnommé Faiffeur, Seigneur de la Ville de Bethune, & Advoué de l'Abbaye de St. Vaft d'Arras, fous le regne de Hugues Capet (*a*).

Le Pere de Maximilien eut quatre fils de fon premier mariage avec Charlotte Dauvet, mais il eut une prédilection particuliere pour celui-ci, dont les bonnes qualités l'avoient frappé d'avantage, & dont il croyoit en remarquer en lui de plus brillantes que dans fes autres freres ; il prévoyoit déja qu'il devoit rendre un jour à fa maifon fon premier éclat, & fon ancienne fplendeur ; on affure même que le Précepteur du jeune Maximilien, fçavant dans cet art trompeur qui fe vante de découvrir la deftinée des hommes, lui avoit prédit que le jeune Henri, Roi de Navarre & de Bearn, feroit un jour Roi de France, & l'un des plus grands Princes de l'Europe, & que Sully parvenu à la faveur de ce Monarque,

______

(*a*) Le titre d'*Advoué* étoit alors fi honnorable, que plufieur Souverains fe font fait honneur de le porter.

feroit une fortune bien au-delà des espéran-
ces qu'il pouvoit former alors.

Soit que le Baron de Rosny ajouta foy
ou non à une prédiction si vaine, il voulut
que Maximilien s'attacha au Prince de Navarre ; & s'étant rendu à Vendôme, où le
jeune Henri tenoit sa Cour avec la Reine sa
mere, il eut l'honneur de leur présenter son
fils. Le Prince de Navarre qui eut toujours
un air *noble*, & ouvert le reçut avec cette
noble familiarité qu'il avoit ordinairement
avec les personnes de qualité. Le jeune Rosny lui parla avec tant de grace & d'esprit,
que le Prince de Bearn en fut charmé, &
l'assura qu'il auroit toujours ses services pour
agréables, & qu'il en recevoit l'offre avec
plaisir ; depuis ce tems, Rosny lui fut toujours fidélement attaché ; il n'avoit alors
que douze ans, mais la Reine de Navarre
qui se connoissoit en caractères, sembla pré-
voir tout ce que ce jeune homme feroit un
jour pour son fils, & le combla de caresses.

Rosny après avoir été quelque-tems cour-
tisan, redevint écolier, & se rendit à Paris
pour y achever ses Etudes. Il se trouva mal-

(9)

heureufement engagé dans les erreurs du Cal-
vinifme , par François de Bethune , fon
pere , qui s'étoit laiffé entraîner au torrent
de l'héréfie. Rofny courut un grand danger
à la funefte journée de la St. Barthelemy ,
le 24 Août 1572 (*a*), dont il fut fauvé
par une efpéce de miracle ; & dont il fait le
détail dans fes Mémoires. « Il dit qu'il s'é-
» toit couché de bonne heure la veille de
» cette malheureufe affaire , & qu'il fe fen-
» tit réveiller fur les trois heures après mi-
» nuit par le fon de toutes les cloches de
» Paris , & par les cris confus de la popula-
» ce , & ne voyant point revenir fon Gou-
» verneur ni fon Valet - de - Chambre qui
» étoient fortis pour fçavoir la caufe de ce
» tumulte , il n'a jamais entendu parler de-

(*a*). Il a été frappé une Médaille en 1572 , de la premiere année du Pontificat de Grégoire XIII. qui repré-
fente d'un côté la tête de ce Pape , avec cette Infcrip-
tion , *Gregorius XIII. Pont. Max. Anno Jubilei* , & au
revers on voit l'Ange Exterminateur , armé d'un glaive
du bras droit , & de l'autre d'une Croix qui combat les
Huguenots, avec cette légende, *Ugonotorum Strages 1572.*
V. Hiftoria Summorum Pontificum, Paris 1679 , in-fol.
pag. 87.

» puis de ces deux hommes , qui furent fans
» doute immolés des premiers à la fureur
» publique ; il demeura feul à s'habiller dans
» fa chambre , où il vit entrer au bout de
» quelques momens fon Hôte qui étoit auffi
» de la Religion Réformée , & qui avec un
» vifage pâle & confterné , l'informa de ce
» qui fe paffoit dans les rues , & lui dit qu'il
» avoit pris le parti d'aller à la Meffe pour
» fauver fa vie , & garantir fa maifon du
» pillage ; il voulut lui perfuader d'en faire
» autant , & l'enmener avec lui , mais qu'il
» ne jugea pas à propos de le fuivre. Il réfo-
» lut d'effayer à gagner le Collége de Bour-
» gogne , où il faifoit fes Etudes , malgré la
» diftance de ce Collége à la maifon où il
» demeuroit , ce qui rendoit ce deffein affez
» périlleux. Il s'embarqua cependant , revêtu
» de fa robe d'Ecolier , & avec une groffe
» paire d'Heures fous fon bras , à l'ufage des
» Catholiques ; il fut faifi d'horreur en en-
» trant dans la rue , de voir des furieux qui
» couroient de toutes parts & enfonçoient les
» maifons , en criant , *tue* , *tue* , *maffacre les*
» *Huguenots* ; & le fang qu'il voyoit répan-

» dre fous fes yeux , redoubloit encore fa
» frayeur. Il tomba au milieu d'un Corps-
» de-garde qui l'arrêta, & où il fut queftion-
» né ; on commençoit déja à le maltraiter ,
» lorfque le Livre qu'il portoit fut apperçu
» heureufement, & lui fervit de paffeport.
» Il retomba deux fois dans le même dan-
» ger , dont il fe retira avec le même bon-
» heur, ce qui redoubla fa crainte , & l'o-
» bligea d'aller fi vite, qu'on l'auroit aifé-
» ment reconnu à fon empreffement, fi fa
» robe d'Ecolier n'avoit pas trompé les Meur-
» triers. Il paffa , & fe rendit heureufement
» au Collége de Bourgogne , dont le Principal
» nommé *la Faye* , étoit fon ami ; mais un
» péril bien plus grand l'y attendoit encore.
» Le Portier lui en ayant deux fois refufé
» l'entrée, il demeuroit au milieu de la rue
» à la merci des Furieux , lorfque Rofny s'a-
» vifa de demander ce Principal , le Portier
» gagné par quelques petites piéces d'argent
» qu'il lui mit en main, ne lui refufa pas
» de le faire venir. Cet honête homme le fit
» entrer dans fa chambre , où deux Prêtres
» inhumains à qui il entendoit faire mention

» des Vêpres Siciliennes , lui racontoient les
» meurtres de cette horrible nuit , & se di-
» soient déterminés à tuer tous les Hugue-
» nots , jusqu'aux enfans à la mamelle : ce
» discours fit frémir le Principal , & redou-
» bla son attention à bien cacher Rosny.
» Cet homme prudent le conduisit très - se-
» crétement dans un Cabinet écarté , où il
» l'enferma sous la clef , & où il demeura
» trois jours entiers incertain de son sort , &
» ne recevant de secours que d'un Domesti-
» que de cet homme charitable qui venoit
» de tems en tems lui apporter de quoi vivre.

» Au bout de ce terme , la défence de
» tuer & de piller ayant enfin été publiée ,
» il fut tiré de cette espéce de prison par
» deux Archers de la Garde , créatures de
» son pere , qui venoient sçavoir ce qu'il
» étoit devenu , & qui étoient armés , sans
» doute pour l'arracher de force par tout où
» ils le trouvéroient. Ils firent sçavoir son
» avanture à son pere , dont il reçut une Let-
» tre huit jours après , qui lui témoignoit
» combien il avoit été alarmé à son sujet ;
» que son avis étoit qu'il demeurasse dans

» Paris, puifqu'il n'étoit plus libre au Prince
» qu'il fervoit, d'en fortir ; mais que pour
» ne pas s'expofer à un danger évident, il
» devoit fe réfoudre à faire ce qu'avoit fait
» le Prince lui - même, c'eft-à-dire, à aller
» à la Meffe. Le Roi de Navarre n'avoit
» point en effet trouvé d'autre moyen de fau-
» ver fa vie. »

Rofny continua fes Etudes comme aupa-
ravant, fe conformant en apparence à la fa-
çon de penfer des plus forts, & allant à la
Meffe, fuivant l'ordre qu'il en avoit reçu
de fon pere, qui lui manda en même-tems
qu'il eut à s'attacher plus que jamais au Roi
de Navarre, quelque rifque qu'il y eut à
lui paroître dévoué ; en effet, tantôt ce Prince fembloit être libre, & alors non - feule-
ment fes Domeftiques, mais encore les amis
de fa Maifon avoient la permiffion de le voir
quelquefois, tantôt & fur le moindre prétexte de mécontentement, on le tenoit en-
fermé au Louvre, où perfonne ne l'appro-
choit fans un ordre exprès du Roi. Rofny,
à qui fa jeuneffe donnoit quelque privilége,
le voyoit plus fouvent qu'aucun autre *Reli-*

gionnaire, on peut bien le nommer ainſi, quoique le Roi de Navarre & lui fuſſent très-exacts à entendre tous les jours la Meſſe, mais on avoit garde de prendre pour un effet de leur converſion, ce qui n'étoit que celui de leur crainte.

Henri ſe laſſa enfin de cette contrainte, & s'appliquant tout entier à recouvrer ſa liber-té ; il en trouva le moyen un jour de Février 1575, qu'il étoit à la chaſſe près de Senlis, il ſçut écarter ſes Gardes, & vint d'une trai-te paſſer la Seine à Poiſſy, gagna Neuf-Châtel en Thimerais, maiſon à lui, & où il prit quelque argent de ſes Fermiers, & ſuivi ſeulement d'une trentaine de chevaux, il ar-riva à Alençon, dont le ſieur de Hertré s'é-toit ſaiſi en ſon nom. Il s'y aboucha avec M. le Prince de Condé, & ils convinrent d'unir toutes leurs forces ; d'Alençon le Roi de Navarre paſſa à Tours, où il ne fut pas plû-tôt arrivé, qu'il reprit publiquement l'éxer-cice de la Religion Proteſtante.

Roſny fut un de ceux qui accompagne-rent ce Prince dans ſa ſuite, & dans tout ce voyage. Il le renvoya enſuite de Tours avec

Fervaques (*a*) pour redemander à la Cour de France la Princesse sa Sœur , Madame Catherine de Navarre Duchesse d'Albret , depuis Duchesse de Lorraine & de Bar : Elle leur fut accordée , & dès la seconde journée, cette Princesse reprenant aussi sa Religion , se trouva au Prêche à Châteaudun , & rejoignit le Roi qui l'attendoit à Parthenay.

Les trois Princes (*b*) après la jonction de leurs Troupes se trouverent à la tête de plus de quarante mille hommes effectifs ; & firent à leur tour trembler la Reine Catherine, tout sembloit annoncer une guerre des plus sanglante. Rosny étoit alors dans la Compagnie de M. de Lavardin , qui lui donna son Enseigne Colonelle ; ce nouvel Officier se distingua sur tout à la surprise de la Réole, ayant paru un des premiers sur les murailles de la Ville, & aux environs de Tours, où il y eut plusieurs rencontres entre des détache-

(*a*) Guillaume de Hautemer , Comte de Grancey, Seigneur de Fervaques , &c. Maréchal de France , & Lieutenant Général en Normandie.

(*b*) Le Roi de Navarre , le Duc d'Alençon , & le Prince de Condé.

mens de partis différens. Le Roi de Navarre ayant appris que Rosny s'y comportoit avec plus de témérité que de courage, le fit appeler, & lui dit, » Rosny, ce n'est pas-là où » je veux que vous hazardiez votre vie, je » loue votre courage, mais je désire vous le » faire employer en de meilleures occasions. »

Il servit encore utilement aux différens Siéges des Places du Poitou, & se trouva aux célébres journées de Coutras, le 20 Octobre 1587, d'Arques, le 21 Septembre 1589, & d'Ivry, le 14 Mars 1590, où il fut dangereusement blessé, & aux Siéges de Paris, de Noyon & de Rouen, mais si son bras fut utile à Henri IV, sa plume & ses conseils lui servirent encore d'avantage. Né vertueux, peut-être un peu sévére, la corruption de la Cour, & celle qu'occasionne souvent une longue guerre, ne prirent rien sur ses mœurs. Il eût le bonheur presque sans exemple de trouver dans son Roi un ami toujours prêt à écouter des conseils qu'il lui donnoit souvent avec une sincérité dure, & qui eût pû le rendre odieux à tout autre qu'à Henri IV. Il faisoit quelquefois le personnage, plûtôt d'un

Gouverneur

Gouverneur févére, que celui d'un fujet admis à la confiance de fon Maître. Jamais les foibleffes du Prince ne trouverent en lui un lâche adulateur ; plus prompt à le condamner, qu'à l'excufer, il ne pouvoit fouffrir fes fautes, fans les lui reprocher. La poftérité la plus éloignée ne lira pas fans étonnement l'action hardie de Rofny qui ofa déchirer en préfence du Roi, une promeffe de mariage que ce bon Prince avoit faite à l'une de fes Maîtreffes (*a*), & qu'il lui faifoit voir : mais fi l'on peut dire que Sully étoit fait pour Henri le Grand, on peut bien dire auffi qu'Henri étoit fait pour Sully.

Le Prince aimoit à entendre la vérité, & Sully aimoit à la dire. Il avoit acquis le cœur & l'eftime du Roi, au point, que Gabrielle d'Eftrées, fa maîtreffe, l'ayant maltraité de paroles, le Roi impatient, quelque fut fon amour, lui dit que ,, c'étoit l'offenfer ,, lui-même, & qu'il fe pafferoit plus aifé- ,, ment de dix maîtreffes comme elle, que ,, d'un Miniftre auffi fidéle que Rofny. ,,

(*a*) Mademoifelle d'Hentragues.

B

Ce fut lui qui contribua le plus à l'abjuration que le Roi de Navarre fit de la Religion prétendue Réformée. Ce Prince l'ayant consulté à ce sujet, ce fidéle serviteur, que l'on peut bien aussi nommer son plus sincere ami, lui conseilla sans balancer d'embrasser la Religion Catholique, puisque ses ennemis n'avoient plus que ce prétexte pour lui faire la guerre, & pour refuser de le reconnoître l'héritier légitime de la Couronne de France après la mort d'Henri III, ce qui arriva presque aussi tôt après qu'il eut fait sa Profession publique de Foi dans l'Eglise de S. Denis, le Dimanche 25 Juillet 1593. Henri III. ayant été assassiné à S. Cloud, le 2 Août 1589, Rosny fut chargé des plus importantes affaires de l'Etat.

Il traita avec le Duc de Villars en 1591, pour la reddition de Rouen & de toute la Normandie. Il accorda le Comte de Soissons avec le Duc de Montpensier ; & il trouva le moyen en 1593, de persuader Madame, Sœur d'Henri IV, de lui remettre la promesse de Mariage qu'elle avoit faite au Comte de Soissons, affaire qui-tenoit fort au cœur

du Roi Ce Prince le combla de faveurs pen-
dant tout son regne , lui ayant donné en
1597 , la Charge de *Grand Voyer de France* ;
(*a*) celle de Surintendant des Finances la
même année , & celle de Grand Maître de
l'Artillerie qui fut érigée en sa faveur le 13
Novembre 1599 , en office de la Couronne.
Le Gouvernement de la Bastille , avec la
Surintendance des Fortifications lui furent
données en 1602 , & au retour de son Am-
bassade extraordinaire d'Angleterre , où il
étoit en 1604, le Roi lui accorda le Gouvernement de Poitou , & érigea sa Terre de
Sully & Dépendances en Duché Pairie , (*b*)
comblé encore d'autre faveurs , il en fut dé-

(*a*) Cet Office fut supprimé sous le Regne de Louis
XIII. par Edit donné à Paris au mois de Février 1626 ,
Registré au Parlement , en la Chambre des Comptes ,
& en la Cour des Aydes , le 6 Mars suivant. —— Voyez
le quatriéme Volume des Ordonnances de Louis XIII.
cotté 3. fol. 335.

(*b*) Par Lettres données à Paris au mois de Février
1606 , Registrées au Parlement le 9. & en la Chambre
des Comptes , le 15 Mars suivant. —— V. 5 Vol. des
Ordon. d'Henri IV. cotté 2. X. fol. 324. —— Mémoires
de la Chamb. des Comptes , cotté 4. Z. fol. 86. ——
Histoire de la Maison de Bethune , Preuves 320.

pouillié en un moment par la funeſte mort
du meilleur des Rois, ce Prince en ſortant du
Louvre, monta en caroſſe le Vendredi qua-
torziéme jour du mois de Mai 1610, ſur les
quatre heures après midi, dans le deſſein de
parcourir quelques rues pour voir les apprêts
que l'on faiſoit pour l'Entrée de la Reine dans
cette Capitale, & de ſe rendre enſuite à l'Ar-
cenal, où logeoit le Duc de Sully qui étoit
indiſpoſé ce jour-là ; mais en paſſant par la
rue de la Féronnerie, ſon caroſſe ſe trouva
embarraſſé, ſes Gardes & ſes Valets de pieds
diſperſés, au lieu de ſe tenir aux portieres
ſelon la coûtume ordinaire, ſe coulerent ſous
les Charniers du Cimetiere de St. Innocent,
ou ſe tinrent derriere le caroſſe qui avançoit
très-lentement à cauſe de la foule du peuple.
Un Monſtre ſorti de l'Enfer , nommé *Ra-
vaillac* , qui depuis quelques jours ſuivoit le
Roi par tout, ſaiſit ce moment, & mettant
le pied ſur une des roues de ſon caroſſe, il
lui donna deux coups de couteaux, l'un dans
les côtes, & le ſecond dans le cœur. Le Roi
cria d'abord, je ſuis bleſſé, mais le ſang cou-
lant à gros bouillons, il perdit tout-à-coup

la parole, & expira entre les bras des Sei-
gneurs qui l'accompagnoient : ainſi mourut le
plus grand & le meilleur des Rois. On ne
peut ſe rappeller ſans horreur ce funeſte at-
tentat, qui plaça Louis XIII. ſur le Trône
dans un âge encore tendre. La mort préci-
pitée d'un Prince, l'amour de ſes Sujets &
la terreur de ſes ennemis, laiſſa le Royaume
en proye au Démon de la diſcorde ; la Religion en fut le prétexte ſpécieux, l'ambition
des Grands la ſeconda, & l'Etat en fut la
victime. Sully ſe vit obligé de ſe retirer en
ſon Château de Villebon, au Pays Chartrain,
où il mena une vie privée ; où il ne reçut le
Bâton de Maréchal de France, qu'en don-
nant ſa démiſſion de la Charge de Grand
Maître de l'Artillerie, le 18 Septembre 1634,
& où il mourut le 21 Décembre 1641, dans
la quatre-vingt-deuxiéme année de ſon âge,
& fut enterré à Nogent le Rotrou, où l'on
voit ſon Mauſolée, érigé en 1642, par ſa
ſeconde femme Rachel de Cochefilet.

L'état où ſe trouverent les Finances après
la mort du Roi Henri le Grand, eſt une
apologie bien déciſive de la conduite du Sur-

intendant ; des dettes immenſes payées, les
Subſides diminués, la Campagne fleuriſſante
après cinquante ans de Guerre, & *dix-ſept
millions de livres* trouvés dans le Tréſor
Royal, ſomme très-conſidérable alors, ne
font pas moins l'éloge du Miniſtre, que celui du Souverain. Sully employa les dernie-
res années de ſa vie à recueillir ces excellens
Mémoires, qui viennent de recevoir un nouvel être par la forme qu'on leur a donnée.

Il fut marié deux fois. Il épouſa 1°. Anne
de Courtenay, fille puînée de François de
Courtenay, Seigneur de Bontin, & de Louiſe
de Jaucourt, par Contrat paſſé au Château
de Bontin, le 4 Octobre 1583, morte à
Mantes au mois de Juin 1589.

Dont Maximilien de Bethune, ſecond
du nom, Marquis de Roſny, Prince d'Enrichemont, &c. Voyez P. Anſelme, T. IV.
pag. 217. C.

Il épouſa en ſecondes Nôces par Contrat
du 18 Mai 1592, Rachel de Cochefilet,
fille de Jacques Cochefilet, ſeigneur de
Vaucelas, de Vauvineux, &c. & de Marie
Arbaleſte, & Veuve de François Hurault,

Seigneur de Château , Maître des Requêtes ,
dont plusieurs enfans.

Cette derniere femme mourut à Paris le
30 Décembre 1659 , âgée de 97 ans ; elle
avoit fait ériger en 1642 , à son mari, une
Statue d'un très-beau marbre blanc , exécu-
tée par un des plus fameux Sculpteurs d'Ita-
lie ; elle est placée dans un Cabinet du Château de Villebon.

— V. P. Anselme, T. IV p. 217. C D.
Histoire des Maîtres des Requêtes, par M.
D. D. N. N°. 50. Hist. des Surintendans
& Contrôleurs Généraux des Finances, depuis le regne de St. Louis en 1226, jusqu'à
présent 1764, dont on va donner l'impres-
sion en 5 Vol. in-4°.

F I N.

APPROBATION

Des Docteurs en Théologie de la Faculté de Paris.

NOus Souffignés Docteurs en Théologie de la Faculté de Paris, avons lû l'Eloge de Maximilien de Bethune, Duc de Sully, qui commence par ces mots : *Il femble que les Grands Hommes , &c.* dans lequel nous n'avons rien trouvé de contraire à la foi & aux mœurs. A Paris ce 26 Juin 1763.

Signé, SALMON & SAVOY.

APPROBATION.

JAi lû par ordre de Monfeigneur le Vice-Chancelier, *l'Eloge de Maximilien de Bethune, Duc de Sully*, & je crois qu'on peut en permettre l'impreffion. A Paris ce 4 Mars 1764.

Signé, MARIN.